LE PREMIER LIV[RE]

DES

PETITS ENFANTS

ALPHABET COMPLET

ILLUSTRÉ PAR

THÉOPHILE SCHULER

mis en ordre par

J. MACÉ ET P. J. STAHL

GRAVURES PAR PANNEMAKER

PARIS

J. HETZEL, 18, RUE JACOB

LE PREMIER LIVRE

DES

PETITS ENFANTS

Strasbourg, typogr. G. Fischbach, succr de G. Silbermann. — 876.

LE PREMIER LIVRE

DES

PETITS ENFANTS

LE PREMIER LIVRE

DES

PETITS ENFANTS

ALPHABET COMPLET

ILLUSTRÉ PAR

THÉOPHILE SCHULER

MIS EN ORDRE PAR

J. MACÉ ET P.-J. STAHL

GRAVURES PAR PANNEMAKER

BIBLIOTHÈQUE
D'ÉDUCATION ET DE RÉCRÉATION
J. HETZEL & Cie, 18, RUE JACOB
PARIS

ALPHABET EN IMAGES

PAR THÉOPHILE SCHULER

Nos petits lecteurs et nos gentilles lectrices sont avertis que les 25 premiers dessins de Théophile Schuler qu'ils vont trouver dans la première partie de ce livre ne sont pas seulement d'admirables images du célèbre artiste alsacien gravées par Pannemaker avec un soin extrême pour le plaisir de leurs yeux. Ils ne tarderont pas à remarquer que, grâce à l'ingénieuse habileté de sa composition, M. Théophile Schuler est parvenu à montrer et à cacher en même temps dans chacune de ses originales compositions une lettre de l'alphabet. M. Schuler est parti de cette idée que les formes de toutes les lettres existent dans la nature, et que sans violenter les choses ni tourmenter les créatures, les unes et les autres bien agencées, pouvaient donner toutes les formes des lettres dont se compose notre alphabet.

Ce tour de force accompli par un artiste d'un grand mérite aura pour résultat de charmer leurs regards et en même temps d'exercer leur sagacité, en faisant de chaque image comme une sorte de petite énigme renfermant la forme de la lettre à retrouver dans la position des choses ou dans le mouvement des personnages.

A

A

Animal entêté, sournois, dit-on de l'Ane ;
Mais tel qui parle ainsi soi-même se condamne :
Il faut, pour qu'il soit bon, aimer son serviteur,
Et s'il est bon déjà, vous le rendez meilleur.

LETTRES MAJUSCULES

A	B	C	D	E
F	G	H	I	J
K	L	M	N	O
P	Q	R	S	T
U	V	X	Y	Z

Ç	Æ	OE	W

MINUSCULES OU ORDINAIRES

a	b	c	d	e	f
g	h	i	j	k	l
m	n	o	p	q	r
s	t	u	v	x	y
z	ç	æ	œ	w	

LETTRES ORDINAIRES

DIVISÉES PAR VOYELLES ET CONSONNES

Voyelles simples

a	e	i	y	o	u

B

B

Bois à discrétion! on aura de la braise,
Et les pommes de terre y rôtiront à l'aise. —
Oui, petits Bûcherons, ce sera fort bien fait;
Mais gare que le feu ne devienne indiscret.

CONSONNES SIMPLES

b	**c**	**d**	**f**	**g**	**h**	**j**

k	**l**	**m**	**n**	**p**	**q**
r	**s**	**t**	**v**	**x**	**z**

DIFFÉRENTES SORTES D'E

e MUET	**é** FERMÉ	**è** OUVERT	**ê** LONG

LETTRES ITALIQUES

ALPHABET MÊLÉ

m	*f*	*o*	*c*	*b*	*n*	*r*	*d*
u	*a*	*g*	*v*	*t*	*x*	*p*	*h*

j	*y*	*l*	*z*	*e*	*k*	*i*	*s*	*q*

PETITES CAPITALES MÊLÉES

M	F	O	C	B	N	R	D	
U	J	A	G	V	T	X	L	
P	I	K	E	H	Q	Z	S	Y

LETTRES MAJUSCULES ANGLAISES

A	*B*	*C*	*D*	*E*
F	*G*	*H*	*I*	*K*
L	*M*	*N*	*O*	*P*
Q	*R*	*S*	*T*	*U*
V	*X*	*Y*	*Z*	

C

C

Chevaucher une Cloche, àu plus beau du vacarme,
Certes, c'est un plaisir qui doit avoir son charme.
Tout le monde n'a pas un semblable joujou,
Avec la chance encor de se casser le cou.

LETTRES MINUSCULES ANGLAISES

a	*b*	*c*	*d*	*e*	*f*	*g*
h	*i*	*j*	*k*	*l*	*m*	*n*
o	*p*	*q*	*r*	*s*	*t*	*u*
v	*w*	*x*	*y*	*z*	*æ*	*œ*

SIGNES DE PONCTUATION ET AUTRES

, VIRGULE	; POINT ET VIRGULE	: DEUX POINTS
. UN POINT	? POINT D'INTERROGATION	! POINT D'EXCLAMATION
- TRAIT D'UNION	( ) PARENTHÈSES	' L'APOSTROPHE
« » « GUILLEMETS »	´ ACCENT AIGU É	` ACCENT GRAVE È
¨ Ë TRÉMA	^ ACCENT CIRCONFLEXE Â	¸ CÉDILLE Se met sous le C quand il doit se prononcer comme une S.

CHIFFRES

1	2	3	4	5	6	7	8	9	0

CHIFFRES MÊLÉS

9	4	7	3	0	5	1	6	2	8

AUTRES CHIFFRES

1	2	3	4	5	6	7	8
9	10	11	12	13	14	15	16
17	18	19	20	21	22	23	24
25	26	27	28	29	30	40	50

60	70	80	90	100

CHIFFRES ROMAINS

I	II	III	IV	V
VI	VII	VIII	IX	X
XX	XXX	XL	L	LX

LXX	LXXX	XC	C

D

D

Dérober des raisins, petite drôlerie,
Qui mène à de grands vols, les cas en sont fréquents :
Et même ces gamins — il ne faut qu'on en rie —
Savez-vous ce qu'ils sont déjà ? Des Délinquants !

TABLE DE MULTIPLICATION

2 fois 1 font 2	5 fois 1 font 5	8 fois 1 font 8
2 — 2 — 4	5 — 2 — 10	8 — 2 — 16
2 — 3 — 6	5 — 3 — 15	8 — 3 — 24
2 — 4 — 8	5 — 4 — 20	8 — 4 — 32
2 — 5 — 10	5 — 5 — 25	8 — 5 — 40
2 — 6 — 12	5 — 6 — 30	8 — 6 — 48
2 — 7 — 14	5 — 7 — 35	8 — 7 — 56
2 — 8 — 16	5 — 8 — 40	8 — 8 — 64
2 — 9 — 18	5 — 9 — 45	8 — 9 — 72
2 — 10 — 20	5 — 10 — 50	8 — 10 — 80
3 fois 1 font 3	6 fois 1 font 6	9 fois 1 font 9
3 — 2 — 6	6 — 2 — 12	9 — 2 — 18
3 — 3 — 9	6 — 3 — 18	9 — 3 — 27
3 — 4 — 12	6 — 4 — 24	9 — 4 — 36
3 — 5 — 15	6 — 5 — 30	9 — 5 — 45
3 — 6 — 18	6 — 6 — 36	9 — 6 — 54
3 — 7 — 21	6 — 7 — 42	9 — 7 — 63
3 — 8 — 24	6 — 8 — 48	9 — 8 — 72
3 — 9 — 27	6 — 9 — 54	9 — 9 — 81
3 — 10 — 30	6 — 10 — 60	9 — 10 — 90
4 fois 1 font 4	7 fois 1 font 7	10 fois 1 font 10
4 — 2 — 8	7 — 2 — 14	10 — 2 — 20
4 — 3 — 12	7 — 3 — 21	10 — 3 — 30
4 — 4 — 16	7 — 4 — 28	10 — 4 — 40
4 — 5 — 20	7 — 5 — 35	10 — 5 — 50
4 — 6 — 24	7 — 6 — 42	10 — 6 — 60
4 — 7 — 28	7 — 7 — 49	10 — 7 — 70
4 — 8 — 32	7 — 8 — 56	10 — 8 — 80
4 — 9 — 36	7 — 9 — 63	10 — 9 — 90
4 — 10 — 40	7 — 10 — 70	10 — 10 — 100

EXERCICES D'ÉPELLATION

SYLLABES

SYLLABES DE DEUX LETTRES

ba	be	bi	bo	bu	by
ca	ce	ci	co	cu	cy
da	de	di	do	du	dy

MOTS D'UNE OU DE DEUX SYLLABES

Ab-bé	ac-te	an	au-be	Ba-ba
bé-bé	bê-te	bo-bo	bu-re	Cé-der
Da-me	de-mi	dé	dî-me	do-du
En	é-pi	Fa-ce	fê-te	fi
Ga-ge	gâ-té	gî-te	go-det	Ha-bit
hal-le	hi-ver	hu-ne	I-dée	im-bu
In-ca	Ja-bot	je-ter	Jé-sus	jo-li
ju-pe	Ka-li	ki-lo	Le-ver	lé-ger
li-vre	lo-ge	Ma-tin	mê-me	mi-di
mo-de	mu-le	Na-ge	né	ni-che
no-te	nu	O-bus	ob-tus	oi-e
om-bre	on-de	or	os	Pa-pa

E

E

Exemple d'agréable et parfaite harmonie :
Trois farceurs, trois gaillards qui n'ont pas froid aux yeux,
On ne voit pas souvent d'Échelle ainsi garnie ;
Mais vraiment il faudra la tirer après eux.

pâ-té	pe-lé	pê-ne	po-che	pu-che
Ra-ve	ra-yon	ré-bus	rê-ve	ri-ve
ro-be	ru-e	Sa-bre	sa-le	sé-ché
se-mer	sé-ve	Si-am	so-bre	Ta-bac
ta-ble	tê-te	ti-ré	tô-le	tu-er
U-ni	un	ur-ne	Val-se	va-leur
val-lée	vê-tir	va-let	ve-lu	vo-cal
vo-tre	vu-e	Zè-le	zé-lé	zé-bra

SYLLABES DE TROIS LETTRES

arc	bas	cri	dru	eau	fin	jeu
loi	mil	par	qui	sus	ton	vol

MOTS DE TROIS SYLLABES

Arc-bou-ter	Bam-bo-che	bar-bil-lon	bas-cu-le
by-zan-tin	Cen-ti-me	chi-mè-re	De-man-de
dis-tan-ce	dom-ma-ge	dis-trac-tion	Em-bal-ler
en-le-ver	en-du-rer	en-sei-gne	Fan-tas-sin
fan-fa-ron	fan-tas-que	fa-mil-le	Gam-ba-de
gen-ci-ve	gin-gem-bre	Glo-ri-eux	gon-do-le
gym-na-se	Hec-ta-re	his-toi-re	hon-nê-te

hor-lo-ger	Ins-pi-rer	Kan-gou-rou	ker-mes-se
ki-os-que	Lec-tu-re	les-si-ve	lai-te-rie
la-mi-noir	Ma-ga-sin	ma-gis-ter	ma-da-me
ma-rau-deur	mys-tè-re	Nar-cis-se	na-tu-rel
nau-fra-ge	na-vi-re	né-gli-gent	nul-li-té
O-bé-ir	ob-jec-tion	o-bli-geant	o-bo-le
Pail-las-se	pan-tou-fle	pa-ni-que	pan-thè-re
pa-pil-lon	pro-blè-me	Que-rel-le	qua-li-té
quit-tan-ce	Ra-mo-neur	ra-con-ter	ra-ci-ne
ral-li-er	ré-chauf-fer	ré-ci-ter	San-son-net
sa-la-de	sau-cis-se	sca-ra-bée	ser-mon-ner
si-len-ce	spi-ra-le	sur-pri-se	sus-pen-dre
syl-la-be	Ter-ras-se	tu-mul-te	tem-pê-te
tour-bil-lon	trom-pet-te	U-sa-ge	u-ni-vers
u-ti-le	u-ni-on	Vé-ri-té	ver-du-re
vo-lon-té	vi-sa-ge	Zo-dia-que	zi-za-nie

SYLLABES DE QUATRE LETTRES OÙ PLUSIEURS VOYELLES SE SUIVENT

Bail	bain	beau	bois-seau	bien	bouc
Ciel	chou	clou	cœur	cuit	Eaux
Faim	faux	fleuve	foin	four	frais
fuir	Geai	goût	guet	Hail-lon	haut
Laid	lait	loup	Main	moel-lon	Noir

F

F

Frère et sœur, tous les deux qu'ils se donnent de peine,
L'une, pour présenter les pommes au Fouloir,
Et l'autre pour mener le cheval : à savoir
Pourtant si ce n'est pas le cheval qui le mène.

noix	Pain	paix	paon	pied	poil
pour-voi	Quit-ter	Sain	sauf	seau	sein
Tail-leur	tien	tour	Vail-lant	veau	vrai

SYLLABES DE QUATRE LETTRES OÙ PLUSIEURS CONSONNES SE SUIVENT

Bras	branche	broc	Cens	cerf	cham-bre
chan-teur	chat	chef	cher	chez	choc
chut	clos	crac	cran	crin	croc
Dard	dent	drap	Fard	fils	flot
fort	frac	frap-per	frit	Gant	gens
gond	gras	gros	Hart	hors	Jars
jonc	Lard	lent	lion	long	luth
Mets	mort	Nard	nerf	Pont	port
Rang	rhum	Sens	sept	sort	Tact
talc	tard	thon	tout	trop	Vent

MOTS CONTENANT DES SYLLABES DE CINQ OU SIX LETTRES

Ac-cueil	Bar-bouil-ler	blanc	bre-douil-ler
brouil-lard	Chant	chaud	chaux
croix	Droit	Flanc	franc
fruits	Grais-se	grand	gre-nouil-le
Houil-le	I-ro-quois	Li-queur	lourd
Moins	Plant	plein	point
Quartz	Seing	Sceaux	splen-deur
squi-re	Stras-bourg	Temps	tiers

EXERCICES

DE LECTURE COURANTE

On tond les mou-tons au mois de juin, et leur lai-ne, car-dée et fi-lée, sert à fai-re des ha-bits.

Le fil à cou-dre est ti-ré d'u-ne plan-te qu'on ap-pel-le le chan-vre.

Jean Go-be-lin, tein-tu-rier, et ses des-cen-dants, ont don-né leur nom à la plus bel-le ma-nu-fac-tu-re de ta-pis-se-ries du mon-de en-tier.

Les den-tel-les les plus es-ti-mées vien-nent de la vil-le de Ma-li-nes en Bel-gi-que.

La cul-tu-re des fleurs est un-e oc-cu-pa-tion a-gré-a-ble pour les jeu-nes per-son-nes.

Le li-las, si ré-pan-du au-jour-d'hui dans nos jar-dins, est o-ri-gi-nai-re des In-des.

Le meil-leur com-pa-gnon pour pas-ser le temps est un li-vre.

G

G

Garnements! ils mettraient la forêt au pillage
Et vingt arbres à bas pour faire deux fagots;
Mais le Garde les guette, il arrive et je gage
Qu'il va leur en donner du bois vert — sur le dos.

L'é-tu-de de l'his-toi-re a pour but de nous ap-pren-dre ce que les hom-mes ont fait de-puis la cré-a-tion du mon-de.

Les na-tions mo-der-nes comp-tent les an-nées à par-tir de la nais-san-ce de Jé-sus-Christ.

La gé-o-gra-phie est la con-nais-san-ce de la ter-re; l'as-tro-no-mie est la con-nais-san-ce du ciel.

La Fran-ce s'ap-pe-lait au-tre-fois la Gau-le; el-le prit le nom de Fran-ce, au qua-triè-me siè-cle de no-tre è-re.

On di-vi-se la ter-re en cinq par-ties: l'Eu-ro-pe, l'A-sie, l'A-fri-que, l'A-mé-ri-que et l'O-cé-a-nie.

Les prin-ci-pa-les con-trées de l'Eu-ro-pe sont la Fran-ce, l'An-gle-ter-re, l'Al-le-ma-gne, l'I-ta-lie, l'Es-pa-gne et la Rus-sie.

La Fran-ce est di-vi-sée en qua-tre-vingt-six dé-par-te-ments.

Les prin-ci-pa-les ca-pi-ta-les de l'Eu-ro-pe sont Pa-ris, Lon-dres, Vien-ne, Ber-lin, Ro-me, Ma-drid, La-Haye, Lis-bon-ne et Saint-Pé-ters-bourg.

L'a-rith-mé-ti-que est la scien-ce des cal-culs; on les fait tous a-vec dix chif-fres qui sont 1, 2, 3, 4, 5, 6, 7, 8, 9, 0; ce der-nier n'a de va-leur que lors-qu'il est pla-cé à la sui-te d'un ou de plu-sieurs au-tres chif-fres.

L'al-pha-bet a vingt-cinq let-tres.

On di-vi-se les a-ni-maux en qua-dru-ma-nes, com-me les sin-ges; en qua-dru-pèdes, com-me les che-vaux; en oi-seaux, rep-ti-les, in-sec-tes et zoo-phy-tes ou a-ni-maux plantes; les é-pon-ges ap-par-tien-nent à cet-te der-niè-re clas-se.

Le chien pas-se pour être le plus in-tel-li-gent des a-ni-maux.

L'in-ven-tion de l'im-pri-me-rie est due à Gu-ten-berg de Ma-yen-ce; les pre-miers es-sais ont é-té faits dans la vil-le de Stras-bourg.

L'u-sa-ge de la pom-me de ter-re com-me a-li-ment a é-té in-tro-duit en Fran-ce par An-toi-ne Au-gus-tin Par-men-tier.

Le ca-fé est o-ri-gi-nai-re de l'A-ra-bie.

Le pa-pier est fa-bri-qué a-vec des chif-fons que l'on ré-duit en pâ-te en les bro-yant.

H

H

Heureux, dit-on, le toit où revient l'Hirondelle.
Oui, car en ce logis, puisqu'on est bon pour elle,
Tous, même les enfants, ont sans doute bon cœur,
Et la bonté fait bien la moitié du bonheur.

Caractères d'écriture

La semaine se compose de sept jours: Lundi, Mardi, Mercredi, Jeudi, Vendredi, Samedi, Dimanche.

L'année se compose de cinquante-deux semaines et de douze mois: Janvier, Février, Mars, Avril, Mai, Juin, Juillet, Août, Septembre, Octobre, Novembre, Décembre.

Dans une année ordinaire on compte trois cent soixante-cinq jours, et dans une année bissextile, un jour de plus.

I

I

Il n'est jamais joli d'être des Indiscrètes ;
Mais avec escalade, ainsi que ces fillettes,
C'est trop fort : si quelqu'un venait à se montrer,
Elles ne sauraient plus bien sûr où se fourrer.

LES COMMANDEMENTS

DU GRAND-PAPA

1. Il faut aimer son papa, sa maman, grand-père, grand'mère — et le bon Dieu !

2. Il faut savoir très-bien sa petite prière, et ne pas attendre qu'on soit tout à fait endormi pour la dire.

3. Il faut être très-bon, très-aimable, très-obéissant, sage enfin.

4. Il ne faut jamais dire « non » quand c'est « oui ».

5. Il ne faut ni se fâcher ni surtout bouder.

6. Il ne faut pas prendre une lettre pour une autre, et il est nécessaire de savoir très-bien distinguer les O des A et même les N des M pour pouvoir ensuite lire couramment les belles histoires dans les beaux livres.

7. Il faut réciter sa petite fable quand les personnes ont envie de l'entendre.

8. Il faut savoir les jours de la semaine et les mois de l'année; les substantifs, les adjectifs, les verbes, compter au moins jusqu'à cent, et pas mal d'autres choses encore, pour devenir un savant.

9. Il faut manger courageusement sa soupe jusqu'à la dernière cuillerée, et quand on a une bonne tartine, manger le pain en même temps que ce qui est dessus.

10. Il ne faut pas parler quand on a la bouche pleine, ni boire.

11. Il ne faut pas renverser son verre sur la nappe. Les mamans n'aiment pas ça. Occupe-toi de ce qui est dans ton assiette et ne te mêle pas de ce qui est dans celle de ton voisin. — On ne s'essuie qu'avec sa serviette et pas avec sa manche.

12. Il faut avoir ses petites mains et ses bonnes joues bien propres, et pour cela se laisser débarbouiller et même moucher sans pleurer.

13. Il ne faut mettre son doigt — ni dans son nez — ni dans celui des autres.

14. Il ne faut pas jouer avec ce qui coupe. Les couteaux et les ciseaux ne sont pas des jeux.

J

J

Jouer pour les enfants est des droits le plus beau.
C'est leur bonheur suprême, il vaut bien tout le nôtre
Et coûte moins : aussi le plus grossier traîneau,
Une SCHLITTE, leur fait un Joujou comme un autre.

15. Ni avec ce qui pique, parce que cela pique; ni avec les allumettes ni avec le feu, parce que les allumettes mettent le feu et que le feu brûle.

16. Il ne faut égratigner, mordre ou battre personne.

17. Il ne faut tirer — ni les oreilles du chien — ni la queue du chat.

18. Il ne faut pas marcher dans les ruisseaux; ils ne sont pas faits pour cela.

19. Il ne faut pas couper la parole aux grandes personnes, ni se taire quand on vous interroge.

20. Il ne faut pas s'approcher tout seul des rivières ni des bassins: se noyer est très-facile — et très-désagréable.

21. Il faut prendre garde où on met le pied et même les mains, et ne pas s'asseoir non plus dans les endroits qui sont mouillés ou sales.

22. Il faut se garer des voitures, des chevaux, des animaux qu'on ne connaît pas et des personnes qui se battent.

23. Il ne faut mettre ni des épingles ni des cailloux dans sa bouche — ça n'est pas bon à manger — ni jeter du sable et de la poussière dans les yeux des autres ou dans les siens.

24. Il ne faut pas se pencher par la fenêtre ni grimper d'où l'on peut tomber.

25. Il faut faire attention dans les escaliers, ne pas courir dans les chemins où cela descend et ne jamais monter tout debout sur les chaises.

26. Il faut être bien complaisant, aider son papa et sa maman, et tâcher de très-bien faire toutes les petites commissions dont ils vous chargent.

27. Le soir, quand on vous a dit: « dors, » il faut dormir.

28. Il ne suffit pas de regarder les beaux livres, il faut les lire et les comprendre.

P.-J. STAHL.

K

K

Kirschwasser — ce grand mot veut dire simplement
Eau de cerise. On voit ici l'agencement
Pour extraire du fruit cette eau claire et subtile
Dont l'usage aux enfants est au moins inutile.

EXTRAITS DE LA MORALE FAMILIÈRE

DE P.-J. STAHL

1.

Tous les commencements sont difficiles; c'est pourquoi, au commencement de tout, il faut placer la patience.

2.

Le courage et la patience peuvent tout suppléer, même la force.

3.

Différer de bien faire, c'est déjà mal faire.

4.

C'est se conduire mal envers tout le monde que de se mal conduire envers soi-même; — le mal qu'on se fait, on le fait aux autres; car on doit aux autres l'exemple de sa bonne conduite.

5.

Quand un fruit se gâte à l'arbre, quand il se gâte dans un panier, il fait du tort aux autres, que la contagion du mal peut gagner. Un enfant qui se gâte ne fait donc pas seulement du tort à lui-même, il nuit à tous.

6.

La ligne droite est toujours la meilleure en morale, et, quoi qu'il doive en coûter, il ne faut jamais s'en écarter. — Mais dans l'ordre matériel, elle est fort sujette à caution; lorsqu'un petit garçon veut traverser une rivière, il fait bien de chercher le pont.

7.

Celui qui ne respecte rien, n'aime rien.

8.

Le respect est dû au petit, au pauvre, au faible, au malheureux.

9.

Quiconque obéit à la loi que Dieu lui a faite, n'occupât-il que la place d'un atome dans l'univers, mérite le respect de tout ce qui vit.

10.

Je souffre toujours quand je vois un bambin très-satisfait de lui-même et très-peu content des autres.

L

L

Laver, toujours laver! Pour cette pauvre mère
Quel labeur! Elle a tant d'autres choses à faire.
Être propre chez tous c'est une qualité,
Mais qui devient vertu, jointe à la pauvreté.

11.

La vanité va toujours jusqu'à la sottise.

Imagine-t-on quelque chose de plus odieux et de plus ridicule à la fois que les bégaiements de la vanité chez un enfant — c'est-à-dire dans un être qui ne vit que de l'aide d'autrui ?

12.

Le gland sait bien qu'il doit devenir chêne. Il faut que l'enfant sache qu'il doit devenir un homme.

13.

Dieu bénit ceux qui se souviennent de leurs fautes pour les réparer.

14.

Le souvenir des êtres aimés n'est point une peine; qui donc voudrait échanger cette douce peine contre l'ingrat oubli ?

15.

Il ne faut pas confondre la timidité avec la modestie.

Quand on recule par timidité devant l'aveu de ses fautes, cette timidité-là n'est pas la bonne.

16.

La bonne leçon est celle qui vous montre vos fautes, et non celle qui vous attire un compliment.

17.

Pour arriver à un but, il faut partir du bon endroit. C'est du point de départ que dépend le point d'arrivée.

18.

Pour s'épargner d'avoir à retrouver le bon chemin, il ne faut jamais en sortir.

19.

Rien n'est plus important que le choix des premières lectures; tout le caractère de l'enfant et de l'homme en dépend. Nous sommes tous plus ou moins de l'école des premiers livres dont la lecture nous a frappés.

20.

Personne n'est supérieur à tous.

21.

Le découragement n'a jamais rien réparé.

22.

L'univers tout entier travaille. Les animaux, les végétaux, le ciel, la terre, l'eau et le feu, les astres dans le firmament, les océans dans leurs abîmes, tout connaît

M

M

Marie et Madeleine, en tricotant leurs bas,
Pensent à leur maman et lui parlent tout bas :
Aussi comme à l'envi, dans cette symétrie,
Travaillent les deux sœurs, Madeleine et Marie.

la loi du travail, la loi de Dieu; tout la subit, tout s'en réjouit. L'univers entier a donc le droit de crier au paresseux qu'il est un lâche.

Les hommes et les choses s'usent plus à ne rien faire qu'à travailler.

23.

Bien commencer, c'est se rendre possible de bien finir.

24.

Écoute ta conscience, elle te parlera mieux que moi.

P.-J. Stahl.

MAXIMES ET PROVERBES

Tous les hommes sont frères, tous les enfants aussi.

Les bons cœurs ne sont jamais pauvres quand il s'agit de donner.

L'enfant charitable ne connaît pas d'étrangers; l'aspect du malheur d'autrui l'afflige, et ne lui laisse d'autre sentiment que le besoin de faire du bien à celui qui souffre.

Dieu est le père et la mère des enfants qui n'ont plus de parents.

Ne faites pas aux autres ce que vous ne voudriez pas qu'on vous fît.

Les fleurs cultivées sentent très-bon; les fleurs sauvages ne sentent rien. La culture est aux fleurs ce que l'éducation est aux enfants: l'une comme l'autre donne le parfum.

Les enfants méchants ne méritent de place ni sur la terre ni dans le ciel.

Il faut être bon et aimable pour être aimé.

Il est plus difficile d'enseigner que d'apprendre. Les enfants doivent juger par là combien ils doivent de

N

N

Ne vous effrayez pas; égaré dans la Neige,
L'enfant n'est qu'endormi sous le froid qui l'assiége.
Guidé par le bon chien, son frère a retrouvé
Sa trace dans le bois, et le voilà sauvé.

reconnaissance à ceux qui se donnent la peine de les instruire.

Fais le bien, et tu ne redouteras personne; fais le mal, et tu redouteras tout le monde.

Si tu ne veux pas qu'on le sache, ne le fais pas. Le méchant n'est jamais seul. Dieu le voit.

A chaque méchant son mauvais jour.

Excuse les fautes de ton frère. La rancune est le côté méchant de la mémoire.

Il faut parler et agir pour le plaisir des autres et non pour le sien.

L'homme le plus parfait est celui qui est le plus utile à ses semblables.

Il vaut cent fois mieux être aimé qu'admiré.

Avec du temps et de la patience l'enfant sage devient un homme de bien.

On ne vient pas au monde pour s'amuser toute la journée, mais pour travailler d'abord et gagner ainsi le droit de se reposer et de se récréer.

Qui donne aux pauvres donne à Dieu. Dieu te rendra dans le ciel ce que tu auras donné sur la terre. Ici bas ta conscience satisfaite te paiera.

Dieu compte au nombre de ses anges un enfant qui n'a jamais menti.

Dieu n'abandonne personne.

Plus fait douceur que violence.

Garde-toi tant que tu vivras de juger les gens sur la mine.

Rien ne sert de courir, il faut arriver à point. S'agiter n'est pas avancer.

Si tu veux qu'on t'épargne, épargne aussi les autres.

Tel est pris qui croyait prendre.

Laissez dire les sots : le savoir a son prix.

En te séchant, ne mouille pas ton voisin.

Aide-toi, Dieu t'aidera.

Petit à petit l'oiseau fait son nid.

Les bavards sont ceux qui parlent pour ne rien dire.

L'oisiveté est la mère de tous les vices.

Empêcher son ami de bien faire, c'est prendre
la responsabilité de deux fautes.

O

O

On peut bien, à l'abri, trouver cela fort beau,
L'Orage, mais dehors, entre le vent et l'eau,
Ainsi que sur ce pont ces petits gardeurs d'oies,
Même sans avoir peur, on en a moins de joies.

FRAGMENT D'UN VOYAGE

AU PAYS DE LA GRAMMAIRE

PAR JEAN MACÉ

I

L'ALPHABET ET LES ANIMAUX

Nos trois voyageurs étaient à peine descendus du char, qu'une jolie petite bête vint se frotter contre eux, en relevant la tête, et faisant des grâces avec sa queue. C'était un chat, le plus beau que le petit garçon eût encore vu.

« Tiens! s'écria-t-il, est-ce qu'il y a des chats dans le pays de la grammaire? »

Et sans en demander plus long, il commença à le caresser.

« Fais bien attention, tu viens de mettre la main sur la première ligne de la grammaire. »

Il toucha le gentil minet qui ouvrit sa petite gueule rose, et il en sortit trois petites figures qui se mirent à danser devant le garçon.

Le chat avait fait **M I A O.**

« Tu dois bien les connaître, ces trois lettres-là, continua le maître. C'est par les sons qu'elles représentent que tu as commencé tes exercices de langage.

« Quand ta nourrice t'a reçu dans ses bras, tu lui chantais **I! I! I!** plus qu'elle n'en voulait, et si tu as oublié cela, remarque bien de quelle musique tu régales ta maman quand tu fais l'enfant, **I! I! I!** Les garçons qui pleurnichent sont condamnés à revenir au début du chat, tout comme s'ils étaient encore dans les bras de leurs nourrices.

« Quand il s'est agi de parler, c'est l'A qui est sorti d'abord de tes lèvres: **DADA, PAPA, MAMA**, car **MAMAN** n'est venu qu'ensuite: ce n'est pas un mot de poupon.

« Puis l'O a fait son apparition: **BOBO, DODO, COCO, LOLO**: ces mots-là ne sont pas encore si loin de toi que tu les aies déjà perdus de vue.

« Et ne va pas te figurer que ce soit là une chose particulière aux enfants de ta connaissance. Dans tous les temps et tous les pays, on a commencé comme toi. Si plus tard tu as du goût pour apprendre beaucoup de langues, tu verras que l'A est partout la première lettre de l'alphabet, comme ayant été partout le premier-né de la bouche humaine, quand elle s'est mise à parler. Et quand tu liras les récits des voyageurs, tu verras aussi que les nègres et les tribus sauvages de la Polynésie, qu'il est permis de regarder comme des races de grands enfants, emploient de préférence, dans leur langage, les sons qu'affectionnent les petits enfants chez nous. Amuse-toi à chercher les noms des pays sur les

P

P

Pour ferrer les chevaux rétifs, on fait usage
D'un travail; c'est fort simple, on en voit l'attirail.
Souvent il sert aux jeux des enfants du village,
Qui trouvent leur Plaisir ainsi dans le travail.

cartes d'Afrique et de Polynésie. HAÏTI, VANIKORO, MONOMOTAPA, MAKOLOLO, c'est le vocabulaire du chat qui a été mis principalement à contribution pour les former, là où les Européens n'ont pas abandonné les vrais noms pour baptiser les pays à leur guise.

« Tu as déjà vu dans ton petit manuel d'histoire ancienne que le chat était un animal sacré chez les Égyptiens. Il était même tellement sacré que celui qui avait le malheur de tuer un chat courait risque d'être massacré sur place par le peuple, comme cela arriva une fois à un soldat romain, au temps de la plus grande puissance de Rome. Eh bien! j'ai lu quelque part la raison de cette vénération extraordinaire des Égyptiens pour le chat. C'est, dit-on, parce que pour eux il savait prononcer le nom de Dieu, IAO. Les prêtres n'avaient rien trouvé de meilleur pour nommer Dieu que les trois premiers sons du langage humain.

« Et maintenant regarde un peu comment maître Minet va s'y prendre pour prononcer ces trois sons si importants pour nous. C'est une petite personne posée, qui fait tranquillement les choses et ne bredouille pas ses lettres. Tu auras le temps de bien voir. »

Il toucha de nouveau Minet, qui se fit entendre une seconde fois.

« As-tu remarqué que l'I s'est fait entendre au moment où les lèvres s'ouvraient à peine, l'A au moment où la gueule était toute grande ouverte, et l'O au moment où elle a commencé à se refermer? Tu ne fais pas autrement; et si tu veux t'en assurer, essaie, pour voir, d'imiter le cri du chat. Au surplus, rappelle-toi ce qui arrive à ceux qui bâillent. Le bruit part quand les mâchoires sont bien écartées. On aurait beau faire alors, il faut dire A, et quand elles finissent par se rapprocher, bon gré, mal gré, on dit O.

— IAO! AAAO! C'est pourtant vrai. Il y a de quoi s'amuser avec les lettres, si toutes les autres sont comme celles-là. »

L'enfant avait à peine fini de parler qu'un gros mouton parut à sa droite, et un joli petit veau vint en gambadant à sa gauche. Le mouton fit B EEE, le veau M UUU, et deux nouvelles figures se mirent à danser à côté des trois premières.

« Voilà nos cinq voyelles réunies, dit le maître; mais avant d'aller plus loin, il faut examiner par quel chemin celles-ci ont passé.

« Tu as vu comme le mouton relevait le nez pour dire son B EEE. Ce son-là se forme dans le haut de la bouche, la langue se repliant légèrement en avant contre les dents pour forcer l'air de frôler la voûte du palais. Lance fortement un E un peu prolongé, tu sentiras un frémissement qui part des gencives, au-dessus de la langue, pour aller se perdre dans le fond du palais.

Q

Q

Qu'il fait bien ce petit pêcheur, dans cette Queue,
Comme on nomme au village un de ces grands tonneaux;
Et quel fameux souper lui promet cette eau bleue,
Si pourtant les poissons ne sont pas trop finauds.

« Et l'U, as-tu remarqué comme le veau allongeait son mufle et tenait ses lèvres rapprochées pour le dire? C'est un son qui se forme entre les lèvres, et si tu fais bien attention en le produisant, tu verras tout de suite que, cette fois-là, ce sont les lèvres qui frémissent.

— Et l'Y grec, dit l'enfant, est-ce qu'il ne va pas venir aussi?

— Oh! l'Y grec, c'est une lettre pour rire. Je ne sais pas trop ce qu'elle fait dans l'alphabet. Elle se prononce absolument comme l'I. Quelquefois elle en vaut deux, voilà tout. Nous n'avons pas besoin de la demander à personne: le chat nous l'a déjà donnée. Je vais faire venir les consonnes.

— Mais quelle est donc la différence entre les voyelles et les consonnes?

— Vois-tu cette figure à laquelle nous n'avons pas pris garde, et qui est tombée à terre quand le chat a dit M IAO? c'est la consonne M. Une fois détachée de l'I, avec lequel elle était sortie, elle est restée là sans bouger, tandis que la voyelle allait et venait librement. La même chose a eu lieu pour le B du mouton.

« La VOYELLE sonne d'elle-même. C'est une VOIX qui peut arriver toute seule à notre oreille, et de là vient son nom. La CONSONNE ne peut sonner qu'accompagnée d'une voyelle, et de là aussi vient son nom, un nom latin qui signifie : sonner avec.

« Tu étais l'autre jour à un bal d'enfants. Te souviens-tu comment les choses se passaient? Les petits Messieurs se promenaient de long en large au milieu de la salle; les petites demoiselles demeuraient assises tout autour, attendant leur bon plaisir pour danser, et, la danse finie, elles retournaient à leur chaise. Ainsi font les consonnes dans la bouche. Elles attendent sur les lèvres, entre les dents, le long du palais, au fond du gosier, qu'une voyelle vienne à passer qui veuille bien les emmener avec elle; et une fois qu'elles ont frappé l'oreille de compagnie avec la voyelle, celle-ci peut bien encore continuer à sonner, mais c'est fini pour les consonnes: on ne les entend plus.

« Je vais te faire juge de la chose avec les yeux. »

Sur un geste, les cinq voyelles s'approchèrent en sautillant l'une après l'autre de l'M, puis du B, qui se redressaient brusquement dès qu'une voyelle les touchait, pour retomber à terre aussitôt que l'autre commençait à s'écarter.

L'enfant entendit alors distinctement **MA**, **ME**, **MI**, **MO**, **MU**; puis **BA**, **BE**, **BI**, **BO**, **BU**.

« Je comprends maintenant, s'écria-t-il. Les consonnes sont la voiture, et les voyelles sont les chevaux. »

On peut aller à cheval sans voiture, mais on ne peut pas aller en voiture sans chevaux.

Et pour s'amuser il essayait, en serrant les lèvres, de

R

R

Repasser des outils soi-même, quelle joie!
On est trois, et chacun a son rôle et s'emploie.
Vraiment les Rémouleurs sont des gens bien heureux :
Pour tout faire ils ne sont souvent pas même deux.

dire **MMM**, ou **BBB**, sans rien ajouter. Naturellement il ne sortait aucun son de sa bouche.

« Voilà qui est bien clair pour moi, continua-t-il. Nous avons déjà **M** et **B** : voyons les autres consonnes. »

Il était si joyeux de ce qu'il avait appris que, pour exprimer sa joie, il tira, en petit étourdi qu'il était, la queue du pauvre Minet, qui se tenait bien tranquille à côté de lui, se croyant parfaitement en sûreté.

Il paraît que le jeu déplut à Minet, car il s'aplatit tout à coup, comme s'il eût voulu s'élancer. Il rabattit sa queue, hérissa son poil, rejeta ses oreilles en arrière, et, serrant la lèvre d'en bas de ses dents pointues, il cracha au nez du petit garçon un **FU! FU!** menaçant, qui le fit reculer involontairement!

« Tu voulais des consonnes, dit le maître en riant, en voici une troisième! tiens-toi bien; les autres vont arriver. »

Aussitôt un serpent se glissa sous leurs pieds. Il souleva sa tête effilée, et un autre petit serpent en sortit en sifflant. C'était l'S : le petit garçon n'eut pas de peine à la reconnaître.

Il était à peine remis de son effroi, qu'un énorme lion parut à ses côtés. Il ouvrit son affreuse gueule, et l'R de son rugissement roula à terre en grondant comme un tonnerre.

L'apparition qui suivit était plus pacifique. C'était

tout simplement un âne. Il huma l'air en allongeant humblement ses naseaux, qui frémirent un instant sans rien faire entendre, comme si le son eût hésité à partir. Mais l'hésitation fut de courte durée, et le brave baudet lança hardiment sa chanson bien connue : **HI ! HAN !**

Puis un canard, paré des plus belles couleurs, s'avança doucement, en se balançant d'une patte sur l'autre, et les salua le plus cavalièrement du monde d'une kyrielle de **CAN, CAN, CAN**, qui couraient à la file le long de son large bec.

Puis vint une petite caille, picotant et piétinant, dont le cri bref et saccadé dansait sur trois notes, toujours les mêmes : **PE, TE, DE! PE, TE, DE!**

Enfin, toute une nuée d'oiseaux accourut des quatre coins de l'horizon, chacun gazouillant à qui mieux mieux, et une telle pluie de consonnes se mit à tomber des airs, que le petit garçon n'eut qu'à se baisser pour ramasser à ses pieds celles qui lui manquaient encore.

Il se disposait à les ranger, avec les voyelles, dans l'ordre alphabétique à lui connu, quand le maître lui retint la main.

« Attends, dit-il, pendant que nous tenons les consonnes à part, je veux te montrer une manière de les mettre en ordre. »

Il ramassa le B, le P, l'F, le V et l'M, qu'il rangea sur une ligne.

S

S

Si ce Selam de fleurs artistement tressées
Doit, comme en Orient, exprimer les pensées
Des gentilles enfants dont les mains l'ont formé,
Quel succès il aura, ce poëme embaumé!

« En voilà cinq qui sont de la même famille. Elles se forment entre les lèvres, et c'est pour cela que les grammairiens les ont appelées **CONSONNES LABIALES**, ce qui veut dire, par imitation d'un mot latin[1], consonnes des lèvres. Prononce-les à la suite, et tu verras que ce sont toujours les lèvres qui fonctionneront. »

Derrière la ligne des labiales, il plaça un petit groupe de deux lettres, le **D** et le **T**.

« Celles-ci sont les lettres des dents : on les appelle **DENTALES**. Prononce **DADA**, **TATA**, ne dirait-on pas un petit claquement du bout de la langue contre les dents ?

« Les Français, qui se servent surtout du bout de la langue et des lèvres pour parler, ont beau jeu avec les labiales et les dentales ; mais elles font le désespoir des Allemands, quand ils veulent imiter le langage de leurs voisins. Ils ont l'habitude de tirer leurs sons du gosier, et confondent à chaque instant pour nous le **B** et le **P**, le **D** et le **T**, parce que nous produisons là des nuances de sons très-voisines que leur bouche n'est pas habituée à produire. Si jamais tu entends dire à un Allemand : **FOILA UN PON BOULET**, il faudra bien prendre garde de ne pas te moquer de lui, comme font en pareil cas les petits enfants mal élevés. Chaque peuple a sa façon de parler, et tu te trouverais bien embarrassé à ton

[1] *Labium* veut dire *lèvre*, en latin.

tour, si tu voulais prononcer les **GUTTURALES** comme un Allemand, et les **SIFFLANTES** comme un Anglais qui roidit ses lèvres, et qui les écarte en parlant.

« Voici les gutturales : C, H, G, K, Q.

« Et voici les sifflantes : S, Z, X, J.

« Les premières se forment dans le gosier, qui se dit **GUTTUR** en latin, et les autres en roidissant tout dans la bouche pour produire une sorte de sifflement. Il y a en Allemagne une manière de prononcer l'H que tu aurais bien de la peine à attraper ; et les Anglais ont inventé une espèce de sifflement pour un son qu'ils représentent par TH, que je te défie bien d'imiter du premier coup.

« Que nous reste-t-il à présent ?

« Trois consonnes : R, L, N.

« Ces consonnes-là prennent naissance dans l'étroit couloir qui s'établit entre la voûte du palais et la langue, quand l'extrémité de celle-ci vient se placer audessus des gencives. Ce sont les consonnes du palais, les **PALATALES**.

« Compte maintenant :

« 5 labiales, B, P, F, V, M.

« 2 dentales, D, T.

« 5 gutturales, C, H, G, K, Q.

« 4 sifflantes, S, X, Z, J.

« 3 palatales, R, L, N.

T

T

Tous les trois, en poussant de concert le pressoir,
Ces novices gourmets, si nul ne les chicane,
Le feront bien tourner assez pour en avoir
Le-premier jet du vin, autrement la Tocane.

« Cela nous fait 19 consonnes, et, avec les 5 voyelles, 24 lettres dont devrait se composer, en tout, notre alphabet; mais puisqu'on a pris l'habitude d'en compter 25, ajoutes-y l'Y grec, cette voyelle dont je n'avais pas voulu d'abord. Aussi bien, n'est-ce pas le seul défaut de ce cher alphabet. Pour parler seulement de ce qui saute aux yeux, nous avons là deux consonnes, le K et le C, qui font double emploi, comme on dit, puisqu'elles sont deux pour représenter en certains cas[1] le même son, et une autre, l'H, qui ne sert à rien la plupart du temps, puisqu'on prononce le mot comme si elle n'y était pas. Dis: HOMME et OMELETTE, quelle différence peut-on faire entre le mot qui a une H et celui qui n'en a pas?

— Et quand on fait sentir l'H en prononçant le mot, on l'appelle H ASPIRÉE, n'est-ce pas? Oh! je sais déjà cela. Je connais aussi l'E MUET, dont vous ne parlez pas.

— Tu m'y fais penser. J'allais oublier un détail important, à propos des lettres. »

Disant cela, le maître tira de son gousset un tout petit chapeau à deux cornes, qui se terminait en pointe, comme les chapeaux de papier que se font les petits garçons pour jouer au soldat, et dont il coiffa les cinq voyelles l'une après l'autre. Aussitôt qu'une voyelle avait le chapeau, elle s'allongeait et grossissait du double, et

[1] Le *k* et le *c* se prononcent de la même manière devant l'*a*, l'*o* et l'*u*, à moins que le *c* ne soit marqué en bas d'un petit trait qu'on appelle cédille (ç). Il se rapproche alors de l'*s*: *leçon*.

le son qu'elle faisait entendre s'enflait et se prolongeait à proportion.

« Reconnaissez-vous cela, Monsieur le savant? C'est ce qu'on appelle dans votre grammaire l'ACCENT CIRCONFLEXE, et c'est là ce qui fait les VOYELLES LONGUES. Tu vois qu'elles reviennent à leur taille naturelle dès qu'elles n'ont plus le chapeau. On les appelle alors: VOYELLES BRÈVES, parce qu'elles sont plus courtes.

« Mais ce n'est pas tout. Arrivez ici, mon petit E, et tenez votre tête bien droite. »

L'E s'approcha tout gentiment, et le magicien ayant séparé le chapeau par le milieu, planta de côté la corne de droite sur la tête de la petite voyelle, qui grossit tout à coup, mais sans s'allonger.

« Voici l'E sous l'influence de l'ACCENT GRAVE. Il est encore BREF, mais il rend un son plus fort. Dis un mot que tu connais bien: PÈRE. Tu t'apercevras tout de suite du changement.

« Quant à l'ACCENT AIGU, le voici. »

Il fit tomber d'un revers de main la corne de droite, et planta en même temps la corne de gauche de l'autre côté. L'E revint à sa première dimension.

« Eh mais! s'écria le petit garçon, il n'y a rien de changé avec cet accent-là. C'est l'E que nous connaissons déjà.

U

U

Un bonnet à la mer ! Il se peut que l'y mène
Du moins ce flot qui vient de l'Usine prochaine,
Plutôt qu'il soit repris par ces hurluberlus,
Qui font pour le ravoir tant d'efforts superflus.

— Je le sais bien, nous sommes en faute, et un maître de grammaire qui se serait piqué de régularité, t'aurait fait dire E au lieu de É. Mais c'est une habitude dont on ne triomphera pas facilement, pas plus qu'on n'arrivera à remplacer le vieil **A Bé Cé Dé** par **A Be Ce De**.

« C'est dans **Be Ce De** que se trouve l'E muet des grammairiens, et là on peut dire qu'il ne mérite pas son nom, car il n'est pas muet, puisqu'il se fait entendre. Il n'est réellement muet qu'à la fin de certains mots, où il n'ajoute rien au son de la lettre qui le précède, dans PÈRE par exemple, qui se prononce absolument comme FER. Dans les autres cas, il ressemble à ces gens mécontents qui n'osent pas crier, et qu'on croit muets parce qu'ils murmurent tout bas. L'É MUET est alors un murmure. On ne l'entend pas bien, ce murmure; mais il existe.

« Avec l'accent aigu, l'É s'appelle É FERMÉ, parce qu'il se prononce la bouche fermée: BONTÉ.

« Avec l'accent grave, l'È s'appelle É OUVERT, parce qu'il se prononce la bouche ouverte: MÈRE. »

Le petit garçon commençait à se fatiguer.

« Je voudrais bien ranger mon alphabet, fit-il avec une petite moue. Après cela nous pourrons voir autre chose. »

Et personne n'y faisant opposition, il rangea les lettres dans l'ordre que nous avons adopté, sans qu'on puisse trop en dire la raison.

A, B, C, D, E, F, G, H, I, J, K, L, M, N, O, P, Q, R, S, T, U, V, X, Y, Z.

« C'est parfait, dit le magicien, tu ne t'es pas trompé d'une seule, et je crois que nous pouvons maintenant nous en aller d'ici. »

Il avait déjà pris son élève par la main, et il commençait à s'éloigner, quand l'enfant s'étant retourné pour jeter un dernier coup d'œil à ses 25 lettres, qui se tenaient rangées en ligne de bataille, comme des soldats à la parade, fut pris d'une idée subite.

« Nous oublions une chose, dit-il. Pourquoi appelle-t-on cela l'alphabet ?

— Nous disons aussi l'A Bé Cé Dé, répondit le maître. Eh bien, les Grecs disaient seulement l'A Bé. Mais chez eux l'A se nommait **ALPHA**, et le B bèta. En disant alphabet, tu parles grec sans le savoir.

« Et puisque tu m'as retenu, il y a autre chose qu'il faut que je t'apprenne encore. Toutes ces lettres-là, tu l'as vu, ont été prononcées devant nous par les animaux. S'ils savaient écrire, en réunissant tous leurs alphabets, on ferait le nôtre. »

Jean Macé.

V

V

Voilà dans ce seul trait la mère tout entière :
En voyage et partout elle ne songe guère
A sa propre souffrance, et ne sent plus le Vent
Du moment qu'elle en peut garantir son enfant.

II

L'ÉCRITURE

Ce n'était pas assez pour les hommes d'avoir trouvé leurs premiers mots, pour échanger entre eux leurs premières idées. L'homme imagina ensuite de fixer, si je puis m'exprimer ainsi, ces mots qui s'envolaient dans l'air, et d'en faire quelque chose de visible, afin de retrouver lui-même plus tard la trace des idées qui seraient sorties de sa mémoire, et de pouvoir parler à ceux qui seraient hors de la portée de sa voix.

« Ce moyen, ce fut l'écriture, une invention presque aussi admirable que celle de la parole, et les petits garçons qui rechignent pour écrire leurs lettres, ne savent pas tout ce qu'ils doivent de reconnaissance aux hommes de génie qui ont inventé les lettres, ces signes merveilleux dont la combinaison représente à notre œil les mêmes idées que des sons combinés entre eux auraient représentées à notre oreille. Cela n'a l'air de rien, l'alphabet. Faire des ronds et des jambages, on se dit que c'est bien ennuyeux. Eh bien, ces ronds et ces jambages sont l'outil le plus puissant que l'intelligence humaine ait encore su se donner. Par eux, les idées engendrées dans la tête des hommes qui vivaient il y a trois mille ans, viennent aujourd'hui prendre place dans la nôtre. Par eux le travail d'esprit de tous les hommes, dans tous les temps et tous les pays, peut profiter à chacun de nous, et le travail de chacun peut profiter à tous. Que l'on écrive ce que je te dis en ce moment, et les petits garçons qui sont à l'autre bout de la terre pourront en profiter aussi bien que toi, si cela convient à leurs mamans. Que sont nos plus grands écrivains à côté des créateurs de l'alphabet? Ce que sont les tuiles du toit vis-à-vis des pierres sur lesquelles reposent les fondations de la maison. Les premières reluisent au soleil et remuent au vent, pendant que les autres dorment enfouies dans l'obscurité; mais ce sont celles-ci qui supportent tout.

« Une fois en possession de la parole et de l'écriture, l'homme parvint à la longue à s'expliquer clairement la façon dont il avait rattaché d'instinct les mots les uns aux autres pour exprimer sés idées. Il se posa des règles, groupa en familles distinctes les mots éparpillés dans sa mémoire, étudia l'art de parler et d'écrire, et le règne de la grammaire commença, non pas pour faire le désespoir des enfants, comme tu auras pu te l'imaginer, mais pour ennoblir et fortifier les hommes, en leur apprenant à se rendre maîtres de leurs idées par l'examen qu'il faut en faire quand on veut les bien exprimer.

« Tu dois comprendre maintenant, mon petit ami, que la grammaire est une science sérieuse, qui a coûté beaucoup de peine à imaginer, et que les enfants d'aujour-

X

X

Xantippe, qui jadis par son humeur diablesse,
De son mari Socrate exerça la sagesse,
Est avec lui passée à la postérité,
Et par malheur aussi le type a subsisté.

d'hui doivent s'estimer bien heureux de l'avoir trouvée toute faite quand ils sont arrivés au monde. Au lieu de s'impatienter des difficultés qu'ils y rencontrent, ils devraient penser aux difficultés bien plus grandes encore qu'ont rencontrées ceux qui ont fait la grammaire, les remercier du fond du cœur, et s'efforcer de profiter de leurs travaux. Le langage est une des choses principales qui distinguent l'homme des animaux, et c'est aussi par le langage, bien plus encore que par la naissance et la fortune, que les hommes se distinguent entre eux. Que tu sois plus tard millionnaire ou pauvre diable, il importera peu à un homme vraiment bien élevé. C'est à t'entendre parler qu'il reconnaîtra si tu es de son monde, ou non. Si tu veux compter un jour dans ce monde-là, il faut t'y préparer dès aujourd'hui, en prenant de bonnes habitudes de langage, et la meilleure manière de les prendre, c'est d'aller bravement aux règles qui les enseignent, si peu amusantes qu'elles puissent te paraître.

« Ce n'est pas tout. En profitant pour ton instruction du travail si pénible des premiers hommes, tu devrais penser qu'il y a beaucoup d'enfants qui n'ont pas le bonheur de s'ennuyer, comme toi, sur la grammaire, et qui ne sauront jamais ce que tu apprends. La grammaire est à eux pourtant comme à toi. Ce grand bienfait du langage raisonné, c'est un héritage légué par nos ancêtres à tous leurs descendants, et il n'est pas juste que personne en soit privé. Pense à cela quand tu seras grand, afin de contribuer, dans la mesure de tes forces, à faire cesser cette injustice du sort. Penses-y même dès à présent pour ne pas te sentir jaloux des petits garçons qu'on laisse courir dans la rue, pendant qu'on te retient dans la chambre, en tête-à-tête avec cette vilaine grammaire. C'est eux qui devraient être jaloux de toi, car tu as ta part du grand héritage, et ils n'ont pas la leur. »

JEAN MACÉ.

Y

Y

Y va-t-il de bon cœur ce pauvre saltimbanque!
Droit sur son Yatagan, sans que la main lui manque,
Il se tient, tête en bas, les jambes en Y —
Joli métier vraiment pour manger du pain sec!

LE CALCUL

Un de nos amis a entendu raconter les trois petites histoires qui suivent au célèbre géomètre Joseph Bertrand, et comme cet ami a une mémoire extrêmement sûre, il les a écrites en rentrant chez lui et a bien voulu nous les confier. Grâce à son indiscrétion, LE LIVRE DES PETITS ENFANTS se trouve donc avoir pour coopérateur involontaire l'auteur des FONDATEURS DE L'ASTRONOMIE. La lecture et l'écriture expliquées par M. Jean Macé, les chiffres par un membre de l'Institut, des contes et des fables par nos meilleurs écrivains, des images par nos meilleurs artistes, ce sont autant de bonnes fortunes pour nos petits lecteurs; on ne dira plus que les livres des bébés sont œuvres des nourrices.

P.-J. ST.

LE CALCUL CHEZ LES SAUVAGES

Quand on sait lire les lettres, il faut apprendre à connaître les chiffres; avec les lettres, on peut tout écrire et représenter tous les mots, sans en savoir même la signification. Si vous savez écrire, et qu'un Allemand dise devant vous: Mein Gott, vous écrirez très-bien Mein Gott, et ceux qui vous liront prononceront comme vous: Mein Gott; mais vous ne savez pas le sens de ces deux mots. Il faudra un dictionnaire pour vous apprendre ce que l'Allemand a dit dans sa langue et que vous avez écrit: Mon Dieu. Les peuples dont la langue est la plus différente, peuvent au contraire employer les mêmes chiffres et les comprendre de la même manière; si l'on demande à un Français combien il a de doigts à la main, il répondra cinq; un Allemand dira fünf; un Anglais five; un Italien cinque; mais tous pourront écrire 5, ce qui est à la fois plus simple et plus commode. Les chiffres servent à compter, et pour qu'on calcule vite, ils doivent être faciles à écrire, et les nombres qu'ils expriment faciles à prononcer. Un voyageur célèbre et singulièrement curieux, Lacondamine, visitant, il y a plus de cent ans, les sauvages d'Amérique, s'informait de tout et notait les réponses pour ne rien oublier; un jour il montre trois de ses doigts à un sauvage, en lui demandant: Comment appelez-vous cela?

— Le bras droit levé avec la main ouverte, le pouce et le petit doigt fermés, répond le sauvage dans sa langue, en lui décrivant tout son geste.

— Grand Dieu! s'écrie Lacondamine, qui crut que c'était le nom du nombre trois, dix-neuf syllabes pour dire ce que nous exprimons par un seul signe, 3! Et

Z

Z

Zéphire, sois propice au bateau que décore
Ton doux nom; adoucis ta douce haleine encore,
Et sur l'eau les berçant, rassure par degrés
Ces petits passagers, heureux mais effarés.

désespérant de comprendre et d'apprendre l'arithmétique des sauvages, il cessa de les questionner sur les nombres.

LE CALCUL CHEZ LES OISEAUX

En la petite ville de Vitré, aux limites de la Bretagne et du Maine, vivait un bon bourgeois nommé Pierre Cornouillard, qui, pour divers dessins et écritures, faisait grand usage de plumes de corbeau. Mais comme les chasseurs dédaignent un tel gibier, les plumes restent aux champs et sont en ville denrée rare et chère. Notre homme, pour en éviter la dépense, sortait souvent dans la campagne avec un grand fusil, et sans songer aux lièvres ou aux perdrix, s'approchait des corbeaux pour en tuer quelques-uns; mais, plus malins que lui, en le voyant venir, ils s'envolaient tous ensemble en criant: CÔA, CÔA, CÔA! comme pour le narguer. Cornouillard avait remarqué, tout au milieu d'une grande prairie, un châtaignier touffu, où chaque après-midi les corbeaux du pays avaient coutume de se réunir, les uns, dit-on, pour manger des châtaignes, abondantes cette année et de fort bon goût, les autres pour y trouver nombreuse compagnie et apprendre les nouvelles, et maître Pierre, apercevant de loin les branches toutes noires, sautait vite le fossé, tombait par terre, car il n'était pas leste, et en se relevant voyait l'air obscurci par des nuées de corbeaux qui de longtemps ne revenaient plus. Il était patient et tenace, il résolut de les attendre; une petite cabane de berger, placée à l'ombre de l'arbre, semblait l'y inviter. Il y passa deux heures sans en voir s'approcher un seul, et comme c'était l'heure du dîner, il rentra en ville fort mécontent, ne pouvant s'empêcher de raconter à tous ceux qu'il rencontrait le mauvais succès de sa chasse et l'entêtement des corbeaux. « Tenez-vous à les attraper, lui dit le maître d'école? Allons-y tous les deux; je sortirai un instant après, les corbeaux croiront la cabane vide, reviendront sans crainte, et vous aurez un beau coup de fusil à tirer. »

Dès le lendemain la chose était faite, la visite à la cabane s'entend, car de coup de fusil on n'en tira point, les rusés corbeaux avaient compté : deux hommes sont entrés, il en est sorti un, qui de deux ôte un, reste un; et ils s'étaient gardés de venir. Cornouillard, le lendemain, c'était, si j'ai bonne mémoire, un mercredi, prit avec lui deux compagnons, le maître d'école, qui y retourna par curiosité, et le sacristain, qui pour une écuellée de cidre donnait bien volontiers une heure de son temps. Les corbeaux comptèrent encore: trois hommes sont entrés, il en est sorti deux, qui de trois ôte deux, reste un, et ils ne vinrent pas. Le lendemain, qui était un jeudi, Cornouillard, de bonne heure, entrait dans la cabane avec trois compagnons qui, cinq minutes après, retournaient ensemble à Vitré; mais les corbeaux comptèrent encore: qui de quatre ôte trois, reste un, et s'il y eut à rire, ce ne fut pas pour Cornouillard. Mais le vendredi, jour de malheur pour les pauvres bêtes, cinq hommes entrèrent dans la cabane, il en sortit quatre, et les corbeaux, qui ne savaient compter que jusqu'à quatre, apprirent à leurs dépens que qui de cinq ôte quatre, reste un.

LE CALCUL DES SAVANTS

Un mathématicien aimait tant à compter, qu'il se donnait chaque jour quelque nouveau nombre à apprendre, et le repassait ensuite dans sa mémoire pour être certain de ne jamais l'oublier. Il entre un jour chez un barbier, s'asseoit, tend son menton, le laisse savonner sans rien dire et entend sans écouter les histoires qui d'habitude servaient à distraire les pratiques; mais lorsque l'opération lui semble à peu près à moitié, il prend la parole à son tour et demande au barbier: Combien, pour faire une barbe, donnez-vous de coups de rasoir? — 57, répond sans hésiter notre homme, qui ne s'embarrasse pas pour si peu. — Vous êtes loin du compte, car jusqu'ici vous m'en avez donné 527. Grand étonnement du barbier, qui s'applique dès lors à raser à grands coups; il les compte lui-même et, non sans surprise, arrive bien vite à cent, à deux cents, à trois cents, sans approcher de la fin; il veut alors à chaque coup faire plus d'ouvrage qu'il n'est possible, et le pauvre savant, quand il quitta le fauteuil, avait compté 1153 coups de rasoir et reçu dix-sept coupures.

Faire une barbe n'est pas une si petite affaire qu'on le pense, et se faire raser n'est pas non plus tout plaisir.

L'ANGE GARDIEN

TU L'AS TROUVÉ, REPRIT LE PÈRE

PETITS CONTES MORAUX

ET HISTORIETTES

L'ANGE GARDIEN

Tous les enfants ont un ange gardien auprès de leur lit, disait un petit garçon; mais, moi, je n'en ai pas, car je ne l'ai jamais vu.

— Cherche bien, lui dit son père, peut-être le trouveras-tu. Ne vois-tu rien à ton chevet?

— Je n'y vois que ma mère, répondit l'enfant en lui tendant les bras.

— Eh bien! tu l'as trouvé, reprit le père; les anges gardiens se trouvent toujours cachés derrière les mères; quand donc tu verras la tienne à tes côtés, crois, comme si tu le voyais, que ton ange gardien est là.

P.-J. STAHL.

LE SIFFLET

Quand j'étais un petit garçon de cinq ou six ans, mes parents, un jour de fête, remplirent de sous ma petite poche. Je me dirigeai bien vite vers une boutique où l'on vendait toutes sortes de jouets fort tentants; mais en chemin je fus charmé du son d'un sifflet que je vis dans les mains d'un autre petit garçon. Je lui offris aussitôt en échange de son sifflet tout mon trésor. Revenu chez moi, je m'en allai sifflant par toute la maison, ravi de mon acquisition, mais fatiguant de ma musique les oreilles de toute la famille. Mes frères, mes sœurs, mes cousines, apprenant à mon retour que j'avais donné tout ce que j'avais pour ce mauvais bruit, me dirent que c'était plus de dix fois sa valeur. Ils me représentèrent ensuite combien de jolies choses j'aurais pu acheter avec le reste de ma monnaie, si j'avais été plus sage, et se moquèrent tellement de ma folie que j'en pleurai de dépit: la réflexion me donna dès lors plus de chagrin que le sifflet ne m'avait donné de plaisir.

Ce petit événement fut cependant plus tard de quelque utilité pour moi. L'impression en resta sur mon âme, et lorsque j'étais tenté d'acheter quelque chose qui ne m'était pas nécessaire, je me disais : « Prends garde de trop donner pour le sifflet, Benjamin! » et de la sorte j'épargnais mon argent pour un meilleur usage.

BENJAMIN FRANKLIN.

LA MOUSSE

Un enfant, voyant la mousse qui couvrait le tronc des jeunes arbres dans une forêt, s'étonnait que cette mousse fût plus épaisse et plus verte d'un côté.

— Mon enfant, lui dit son père, de même que Dieu donne une toison à la brebis pour la garantir du froid, il entoure les arbres d'une mousse qui les protége; et il est si bon, qu'il pense à la faire pousser plus fournie du côté où souffle le vent du nord. Les arbres et les brebis n'ont pas, comme les enfants, des mères qui pensent à leur faire des vêtements chauds pour l'hiver; mais, tu le vois, Dieu les habille pour toutes les saisons.

P.-J. STAHL.

LA MAISONNETTE

ET L'ESCALIER

Des petits garçons avaient construit une maisonnette, non en papier ni en carton, vraiment; ils voulaient travailler pour la postérité, et ils avaient employé la pierre et le bois. Les murs étaient solides; il y avait des portes et des fenêtres; enfin la maisonnette était très-gentille, et il n'y manquait rien — en apparence. Aussi les petits architectes, qui n'avaient voulu prendre conseil de personne, croyaient-ils avoir fait un monument digne des Romains tout au moins.

Lorsqu'il s'agit d'y loger le ménage des poupées de leur sœur, ils allèrent en grande pompe chercher les hôtes de cette jolie demeure. Les nouvelles venues arrivèrent pimpantes, coquettes, parées, et toutes prêtes à s'emménager. Le premier et le second étage furent distribués, et on voulut se hâter d'en prendre possession.

— Où donc est l'escalier? dit la petite sœur, qui voulut y faire monter en cérémonie sa nichée de poupées.

— L'escalier? reprit en rougissant un des petits ouvriers tout penaud, tiens!! nous l'avons oublié...

Enfants, ne faites rien sans les conseils de plus sages

que vous; sinon, dans ce que vous entreprendrez, il manquera bien souvent l'escalier pour arriver où vous voudrez monter.

P.-J. Stahl.

LA PLUIE ET LE BEAU TEMPS

Je n'aime pas la pluie, disait le petit Octave; elle m'empêche de jouer et de courir dans le jardin.

— Je l'aime, répondit Colin, le fils du jardinier; elle vient à point pour faire pousser les légumes et les fleurs de mon père, et lui épargner la fatigue de les arroser.

Ceci est l'histoire du monde : ce qui plaît à l'un déplaît à l'autre, mais rien de ce que Dieu fait n'est inutile. Quand donc la pluie viendra contrarier vos plaisirs, pensez au pauvre jardinier, qui est vieux peut-être et malade, et qui n'aura pas la peine d'arroser son jardin.

P.-J. Stahl.

LA FÉE QUI COURT

Je rencontrai, l'autre jour, une bonne fée qui courait comme une folle malgré son grand âge. — Êtes-vous si pressée de nous quitter, madame la fée ? — Ah ! ne m'en parlez pas, répondit-elle : il y a quelques centaines d'années que je n'avais revu votre petit-monde et je n'y comprends plus rien. J'offre la beauté aux filles, le courage aux garçons, la sagesse aux vieux et la santé aux malades, enfin tout ce qu'une honnête fée peut offrir de bon aux humains, et tous refusent mes dons. — Avez-vous de l'or et de l'argent ? me disent-ils : non ? passez votre chemin, nous ne voulons que la richesse. — Or je me sauve, car j'ai peur que les petites roses des buissons ne me demandent des diamants et que les papillons n'aient la prétention d'aller en carrosse dans la prairie. — Non, non, crièrent les roses qui l'avaient entendue grogner, nous avons des gouttes de rosée sur nos feuilles. — Et nous, dirent en riant les papillons, nous avons de l'or et de l'argent sur nos ailes !

— Voilà, dit la fée, les seuls êtres raisonnables que j'ai rencontrés dans mon voyage.

***

ON COURUT CHERCHER DES VERGES

LES PETITES MADAMES

Quelques petites filles jouaient à la madame.

Après les révérences et les compliments d'usage, les petites MADAMES en vinrent à parler de leurs enfants, c'est-à-dire de leurs poupées, dont elles commencèrent à se plaindre, en se lamentant sur leur métier de mère, qui était bien dur avec de telles filles.

— La mienne est boudeuse et colère, disait l'une. Et la vôtre, Madame, a-t-elle quelques défauts?

— Oui, Madame; elle est impertinente et volontaire, et surtout menteuse, répondait celle-ci. Ah le vilain défaut! J'ai résolu de la corriger: nous allons, s'il vous plaît, lui donner le fouet.

On courut chercher des verges, et pan! pan! pan! on battit comme plâtre la pauvre poupée, et on ne s'arrêta, tant on tenait à la bien corriger, que quand elle fut brisée en morceaux.

— Vous êtes bien sévères, mes petites Madames, leur dit une vraie maman qui les regardait frapper à tour de bras: que diriez-vous si vos mères l'étaient autant pour vous ?

P.-J. STAHL.

LA DEMOISELLE RICHE

Il y avait une fois une petite demoiselle qui était riche, mais très-riche. A moins d'un malheur, elle était bien sûre d'avoir toute sa vie des domestiques, des voitures et des robes de soie tant qu'elle en voudrait. Il est vrai qu'un malheur est bientôt arrivé : mais à quoi bon, je vous le demande un peu, s'en inquiéter d'avance? Il est toujours temps de faire ses réflexions quand le malheur est là. Elle était un peu paresseuse, cette petite demoiselle, et cela ne l'amusait que tout juste d'apprendre ce que l'on enseignait aux petites filles de son âge.

« Est-ce que vous aurez jamais besoin de cela pour vivre? » lui disait une vieille bonne qui ne savait rien que la gâter.

Et la petite trouvait le raisonnement si beau qu'elle bâillait en toute sûreté de conscience sur ses livres, et préférait s'ennuyer à ne rien faire, que de se fatiguer à travailler. On ne peut pas disputer des goûts.

Un jour qu'on lui avait conseillé de ne pas trop manger d'une certaine chose qu'elle aimait beaucoup, parce que cela pourrait à la longue lui abîmer l'estomac et la faire souffrir ensuite le reste de sa vie :

« Eh! bon Dieu! laissez-les dire, s'écria la vieille bonne

avec une sorte d'indignation. Qu'est-ce que cela peut vous faire de vous abîmer l'estomac? Vous serez toujours assez riche pour payer le médecin. »

Ce raisonnement-là parut moins bon, et il y eut une petite moue; mais, la gourmandise aidant, on passa outre, et l'on se régala sans mesure de la friandise dangereuse.

Un autre jour, la maman avait beaucoup grondé parce que l'on ne se tenait pas assez droite, ce qui expose la taille à se déformer, comme chacun sait, et l'on se plaignait chez la vieille bonne.

« Le beau malheur, chère enfant, dit celle-ci, quand vous seriez un peu bossue! Est-ce que vous n'aurez pas une assez belle dot pour être toujours sûre de trouver un mari? »

Cette fois la petite demoiselle fit la grimace pour de bon. Elle rentra en elle-même et comprit que ce serait bien dommage d'être riche, si c'était une raison pour devenir laide, ruiner sa santé et ne rien apprendre.

JEAN MACÉ.

LE NOIR QUI VEUT ÊTRE BLANC

Le major Bowdich, envoyé auprès du roi des Ashantees (peuple de l'Afrique), pour plaire aux courtisans noirs et aux dames d'atour de la reine, fit leurs portraits. Le roi, qui en admira la ressemblance frappante, demanda à être peint à son tour. Il avait déjà consacré au peintre plusieurs séances pendant lesquelles il s'était souvent levé pour regarder les progrès du tableau, lorsque M. Bowdich crut remarquer dans la figure du roi une certaine inquiétude et l'embarras grimaçant d'un homme qui désire quelque chose, mais qui ne saurait trouver les mots pour faire deviner sa pensée. — Le peintre insistant auprès de Sa Majesté pour qu'elle daignât lui faire connaître son auguste désir, le pauvre roi nègre mit fin à ses hésitations, et lui demanda s'il n'y avait pas moyen de le peindre EN BLANC.

Ne riez pas du pauvre Africain. — Tout homme est un roi nègre, et chacun de nous voudrait souvent se montrer devant le public sous une autre couleur que celle dont la nature l'a barbouillé.

HENRI HEINE.

LE GÉANT D'ALSACE

Du temps des anciens chevaliers, il y avait en Alsace un géant qui était la terreur de tout le pays. Il fallait toute la peau d'un bœuf pour lui faire une paire de bottes, et son pouce était gros comme le bras d'un enfant de dix ans. Fier de sa force, il dépouillait et maltraitait sans pitié et les voyageurs et ses voisins.

Il avait établi sa résidence à l'entrée d'une des vallées des Vosges, et ayant appris que l'empereur, fatigué des plaintes qui lui venaient de tous côtés contre lui, s'apprêtait à passer le Rhin pour le mettre à la raison, il commença à bâtir sur le sommet de la montagne un château capable de défier toutes les forces impériales.

Il chargeait sur ses épaules les blocs de rocher avec la même facilité qu'un paysan enlève un sac de blé. Il déracinait les sapins dont il avait besoin pour faire ses poutres, comme si c'eût été des tiges de maïs, et en huit jours il eut terminé son château, car le danger pressait, et déjà l'empereur s'était mis en marche du fond de la Bohème, où il était alors.

Quand il eut posé la dernière pierre de son énorme construction, le géant descendit dans la plaine pour juger du coup d'œil, et son cœur s'enfla en apercevant les hautes tours dont le profil se dessinait dans les airs.

« J'ai bâti pour les siècles, s'écria-t-il, et le Temps usera ses ongles sur ce que j'ai fait en huit jours. »

Comme il parlait ainsi, il entendit derrière lui un petit bruit, comme un grattement léger. Il se retourna, et aperçut un enfant qui faisait un trou dans la terre avec son couteau.

« Que fais-tu là, petit misérable? » dit-il de sa grosse voix.

L'enfant, tout tremblant, répondit :

« Ayez pitié de moi, Monseigneur. Voici un gland que mon père m'a donné en me disant qu'il pourrait devenir un arbre si je le mettais en terre, et je travaille à mettre ce pauvre gland en état de devenir un arbre. »

Le géant haussa les épaules, et retourna vers ses hautes tours en faisant des enjambées de douze pieds.

Il y a de cela cinq cents ans passés, et à la place où l'enfant creusait avec son couteau, s'élance de terre un chêne gigantesque, le roi de la forêt, dont les branches vigoureuses répandent au loin l'ombre et la fraîcheur. Quant aux tours du géant, il faut se baisser maintenant pour en retrouver les pierres perdues dans les broussailles.

La bonté qui sème est plus puissante que la violence qui remue les montagnes.

JEAN MACÉ.

SON CŒUR EST MIEUX FAIT QUE SA PERSONNE

LE BOSSU

Il y avait une fois un pauvre homme qui avait mal tourné : il était bossu et pêchait à la ligne.

De méchants enfants vinrent à passer, et voyant sa bosse, ils se moquèrent de lui et troublèrent sa pêche, ce qui était très-mal, parce que le pauvre bossu n'avait pas d'autre plaisir.

Mais le bossu, qui était patient, ne disait rien; il faisait semblant de ne pas les voir et de ne pas les entendre, de façon qu'ils se lassèrent de le tourmenter, et s'en allèrent jouer un peu plus loin sur le bord de l'eau.

Tout à coup, l'un d'entre eux tomba dans la rivière, et il se serait bien sûr noyé, si le bossu, qui n'avait pas de rancune, ne s'était jeté bravement à la nage et ne l'avait retiré.

Ce que voyant, les petits enfants se repentirent aussitôt, et demandèrent pardon au généreux bossu qui leur avait donné une si bonne leçon de courage et de bonté, et leur avait montré qu'un homme, si disgracié qu'il soit de la nature, peut être bon à tout quand son cœur est mieux fait que sa personne.

P.-J. Stahl.

LES AVENTURES

D'UNE POUPÉE ET D'UN SOLDAT DE PLOMB

« Je ne t'aime plus! » dit à sa poupée la petite Bébé, qui n'était pas bonne tous les jours. Et l'ayant jetée dans un coin, elle alla se coucher, parce qu'il était temps.

La pauvre poupée étant tombée sur le nez, se l'était cassé.

Mais, comme elle était la douceur même, elle souffrit sans mot dire, et resta patiemment à la place où elle était tombée.

Pendant ce temps-là Bébé dormait.

Et voici ce qui se passa :

« Que je suis malheureuse! dit la poupée, quand elle vit que tout le monde reposait et qu'elle pouvait parler sans danger, que je suis malheureuse! Parce que je ne parle presque pas, parce que je ne mange jamais trop, parce que je ne casse rien et que je me prête à tout, et que je ne pleure jamais, c'est-à-dire parce que je ne suis ni bavarde, ni gourmande, ni maladroite, ni turbulente, parce que je n'ai point de défauts enfin, on s'imagine que je ne pense à rien, que je ne vis pas et que je ne sens rien! On a bien tort!

— Je le crois fichtre bien qu'on a tort! dit, après lui avoir demandé poliment la permission de lui couper la parole, un petit soldat de plomb qu'elle n'avait point aperçu, et qui se trouvait dans le même coin qu'elle, parce que, dans un moment de mauvaise humeur, Paul, le frère de Bébé, l'y avait jeté, lui aussi. Mais qu'y faire? ajouta-t-il. Les enfants croient tous que, du moment où on ne crie pas comme eux, c'est qu'on ne souffre pas. Nous souffrons pourtant! dit-il encore après un moment de silence et en poussant un profond soupir. »

Voyant que le petit soldat de plomb, tout soldat qu'il était, et quoiqu'il eût presque commencé par jurer, avait l'air de savoir à peu près ce qu'on doit aux dames, et lui parlait fort respectueusement, la poupée, qui n'était pas fâchée d'avoir un peu de compagnie, lui fit une réponse obligeante, de façon que la connaissance fut bientôt faite; et la conversation continua ainsi :

« Être battue du matin au soir, quel triste sort! disait la poupée de Bébé; c'est bien la peine d'avoir des yeux à coulisse, des joues bien peintes et des pantalons de gaze pour être traitée ainsi. Bien sûr, j'en mourrai. Voyez plutôt mon nez, dit-elle.

— Je vous plains bien, Madame la poupée, répondit le petit soldat de plomb en regardant d'un air attendri le nez qu'on lui montrait. Mais qu'y faire? j'essaierais en vain de vous consoler et de rajuster votre nez : je suis aussi malheureux que vous, et notre malheur est sans remède!

— Non pas le mien, Monsieur le militaire, dit alors la poupée d'un air mystérieux, ni le vôtre non plus, je l'espère. Et, comme elle voyait à son air que le petit soldat de plomb était curieux: — Voulez-vous que je vous raconte mon histoire? ajouta-t-elle.

— J'aime beaucoup les histoires, » répondit galamment le petit soldat de plomb.

La poupée parla alors en ces termes:

Et pendant ce temps-là Bébé dormait toujours; mais comme elle remuait beaucoup en dormant, on aurait presque dit qu'elle rêvait.

HISTOIRE DE LA POUPÉE

RACONTÉE PAR ELLE-MÊME

« Telle que vous me voyez, dit-elle, je n'ai pas toujours été une poupée de peau rose et de papier mâché comme aujourd'hui. J'étais, il n'y a pas bien longtemps encore, une belle petite fille bien heureuse, bien choyée par tout le monde, mais un peu gâtée; ce qui veut dire que tout le monde était si bon pour moi, qu'on me passait tous mes caprices. Une bonne petite fille n'aurait abusé de la bonté de personne, et se serait dit: Plus on sera bon pour moi, plus je serai bonne pour les autres; mais bah! je ne me disais rien du tout; je n'en faisais qu'à ma tête; je battais tout le monde; j'étais insupportable; en un mot, je ne valais pas grand'chose. — Si bien qu'un jour que j'avais été cent fois plus méchante encore qu'à l'ordinaire, une fée, qui pouvait tout, me changea en poupée : « Et poupée tu seras, ajouta-t-elle d'une voix formidable, tant qu'une petite fille aussi méchante que toi ne t'aura pas fait souffrir comme tu as fait souffrir les autres, et ne se sera pas corrigée. » Or, dit la petite poupée, je crois bien que Bébé est aussi méchante que je l'étais; mais se corrigera-t-elle ?»

Et pendant ce temps-là Bébé dormait toujours, mais son sommeil était de moment en moment plus agité.

« Madame la poupée, dit alors le soldat de plomb, votre histoire ressemble extrêmement à la mienne. J'ai été un méchant garçon très-turbulent; je ne rêvais que sabres de bois, que canons de vingt-cinq sous, que meurtre et que carnage. Mais le bon Dieu m'a puni, et je fus un beau matin changé en soldat de plomb, ainsi que vous pouvez le voir; et, comme vous, je ne serai délivré que quand je trouverai pour général un petit garçon bien méchant qui deviendra bien bon. Mais quel espoir que ce méchant Paul se corrige jamais, et par là me délivre! Hélas! vous voyez en moi les débris d'une grande armée. Oui, dit-il, nous étions plus de deux douzaines dans du papier de soie au fond d'une boîte de bois blanc; mais, aujourd'hui, mes compagnons d'armes sont tous morts, et leurs membres épars jonchent le parquet; les uns ont été foulés aux pieds, et les autres, mollement fondus à la chandelle!!! Celui qui a fait tout ce mal, c'est Paul, le frère de votre Bébé... »

En ce moment Bébé se réveilla en sursaut, et elle regarda partout; mais elle ne vit rien et n'entendit rien; sa poupée était toujours sur son nez, et voilà tout. De façon qu'elle vit bien que tout ce qui venait de se passer n'était qu'un rêve.

Mais c'est égal, elle se leva, et étant allée réveiller son frère Paul, elle lui raconta tout ce que vous venez de lire.

Ce que Paul ayant écouté avec beaucoup d'attention:

« Je n'ai pas peur que tu deviennes une poupée, ni que je devienne moi-même un soldat de plomb, dit-il à sa sœur; je sais bien que c'est impossible; mais, pourtant, corrigeons-nous, car ta poupée t'a dit de bonnes choses cette nuit. »

Et après avoir relevé, lui son soldat de plomb, et Bébé sa poupée, ils s'assirent tous les deux devant leur table; et quoiqu'il fût de bonne heure pour travailler, ils se mirent à écrire chacun une belle page en tête de laquelle on lisait ces mots :

Page pour faire plaisir à maman.

Et quand elle fut écrite, leur maman étant venue, elle fut si contente, qu'elle les embrassa de tout son cœur.

Bébé et Paul ont tenu parole : ils se sont corrigés. Bébé est devenue sage comme une image, Paul vient d'avoir quatre ou cinq prix à sa pension. — Et ceci prouve qu'il faut écouter même les conseils des rêves — quand par hasard ils sont bons.

P.-J. STAHL.

FABLES CHOISIES

L'ORGUEIL DU SINGE

Bertrand, singe un peu vain, disait : « Que l'on me cite
Un seul des animaux que mon geste n'imite !
— Et toi, dit le renard, en pourrais-tu citer
Un seul qui voulût t'imiter ? »

LE BAILLY.

LE TUTEUR

« Délivre-moi, disait une rose trémière
À sa petite jardinière,
De cette perche auprès de moi,
Qui me gêne et me nuit, qui m'étouffe et me blesse !
— Je te l'ai mise exprès pour garder ta faiblesse.
— Me garder, vraiment ! et de quoi ?
Je me tiens toute seule en parfait équilibre,
Je suis grande et veux être libre. »

La jardinière enleva le tuteur :
Arrive un coup de vent, il emporte la fleur.

Songez-y, mes enfants, s'il vous prenait envie
D'échapper à la main qui fait votre soutien,
C'est un bien grand malheur pour l'enfance — et la vie
Que de n'être tenu par rien [1].

L. Ratisbonne.

LE LABOUREUR ET SES ENFANTS

Travaillez, prenez de la peine :
C'est le fonds qui manque le moins.

Un riche laboureur, sentant sa mort prochaine,
Fit venir ses enfants, leur parla sans témoins.
Gardez-vous, leur dit-il, de vendre l'héritage
Que nous ont laissé nos parents :
Un trésor est caché dedans.
Je ne sais pas l'endroit, mais un peu de courage
Vous le fera trouver : vous en viendrez à bout.
Remuez votre champ dès qu'on aura fait l'oût :
Creusez, fouillez, bêchez ; ne laissez nulle place
Où la main ne passe et repasse.
Le père mort, les fils vous retournent le champ,
Deçà, delà, partout ; si bien qu'au bout de l'an

[1] Extrait de la *Comédie enfantine*, de Louis Ratisbonne. Ouvrage couronné par l'Académie. (Un beau volume in-8° illustré. Prix : 7 fr.)

Il en rapporta davantage.
D'argent, point de caché. *Mais le père fut sage*

De leur montrer, avant sa mort,
Que le travail est un trésor.

LA FONTAINE.

LE RENARD ET LE CHIEN

Certain renard, habile escroc,
Sortit d'un poulailler nanti d'un maître coq,
Quand un mâtin du voisinage
Vint par malheur lui fermer le passage :
Impossible de fuir, il fallait filer doux.
— Ah! vous voilà, voisin; j'allais chez vous
De mon butin vous offrir le partage.
Vous vivez sous les lois d'un fermier chiche et dur;
Nous sommes seuls, et le secret est sûr.
— La probité n'est jamais seule!
Répond le chien sans hésiter.
Après cette leçon, et pour la compléter,
Il l'étrangle d'un coup de gueule.

S. LAVALETTE.

LA MÈRE, L'ENFANT ET LES SARIGUES

QUEL EST CET ANIMAL QUI, DANS CETTE BRUYÈRE,
SE PROMÈNE AVEC SES PETITS?

LA MÈRE, L'ENFANT ET LES SARIGUES

— Maman, disait un jour à la plus tendre mère
Un enfant péruvien sur ses genoux assis,
Quel est cet animal qui, dans cette bruyère,
Se promène avec ses petits?
Il ressemble au renard. — Mon fils, répondit-elle,
Du sarigue c'est la femelle;
Nulle mère pour ses enfants
N'eut jamais plus d'amour, plus de soins vigilants;
La nature a voulu seconder sa tendresse,
Et lui fit près de l'estomac
Une poche profonde, une espèce de sac,
Où ses petits, quand un danger les presse,
Vont mettre à couvert leur faiblesse.
Fais du bruit; tu verras ce qu'ils vont devenir.
L'enfant frappe des mains : la sarigue attentive
Se dresse, et d'une voix plaintive
Jette un cri; les petits aussitôt d'accourir,
Et de s'élancer vers la mère
En cherchant dans son sein leur retraite ordinaire.
La poche s'ouvre : les petits
En un moment y sont blottis
Et disparaissent tous; la mère avec vitesse
S'enfuit emportant sa richesse.
La Péruvienne alors dit à l'enfant surpris :
— Si jamais le sort t'est contraire,
Souviens-toi du sarigue; imite-le, mon fils :
L'asile le plus sûr est le sein d'une mère.

FLORIAN.

LE LIÈVRE ET LA TORTUE

Rien ne sert de courir ; il faut partir à point :
Le lièvre et la tortue en sont un témoignage.
« Gageons, dit celle-ci, que vous n'atteindrez point
Sitôt que moi ce but. — Sitôt ! êtes-vous sage ?
Repartit l'animal léger :
Ma commère, il vous faut purger
Avec quatre grains d'ellébore.
— Sage ou non, je parie encore. »
Ainsi fut fait, et de tous deux
On mit près du but les enjeux.
Savoir quoi, ce n'est pas l'affaire,
Ni de quel juge l'on convint.
Notre lièvre n'avait que quatre pas à faire :
J'entends de ceux qu'il fait lorsque, près d'être atteint,
Il s'éloigne des chiens, les renvoie aux calendes,
Et leur fait arpenter les landes.
Ayant, dis-je, du temps de reste pour brouter.
Pour dormir et pour écouter
D'où vient le vent, il laisse la tortue
Aller son train de sénateur.
Elle part, elle s'évertue,
Elle se hâte avec lenteur.
Lui cependant méprise une telle victoire,
Tient la gageure à peu de gloire,
Croit qu'il y va de son honneur
De partir tard. Il broute, il se repose :
Il s'amuse à toute autre chose

Qu'à la gageure. A la fin, quand il vit
Que l'autre touchait presque au bout de la carrière,
Il partit comme un trait; mais les élans qu'il fit
Furent vains; la tortue arriva la première.
« Eh bien! lui cria-t-elle, avais-je pas raison?
De quoi vous sert votre vitesse?
Moi l'emporter! et que serait-ce
Si vous portiez une maison? »

LA FONTAINE.

LA MOUCHE

Une mouche aperçut une jatte de crême.
— Bon! se dit l'insecte à lui-même,
Si mes yeux ne s'abusent pas,
Voici qui me promet un excellent repas!
A ces mots, notre mouche en bourdonnant s'attable
Sur le bord du lac argenté;
Puis avec sensualité
Pompe la liqueur délectable.
Balthazar en personne en eût été jaloux.
Outre mesure elle prolonge
Un régal qui lui semble doux;
Et bientôt se lassant de boire à petits coups,
Dans le vase de lait l'imprudente se plonge!
Elle n'en put sortir : elle y trouva la mort.
Gourmands, craignez un pareil sort.

Celui dont les banquets tiennent l'âme occupée,
Use par ses excès son corps et son esprit.
La gourmandise, on vous l'a dit,
Est plus mortelle que l'épée.

E. DE LA BÉDOLLIÈRE.

LA FERMIÈRE ET LE CORBEAU

Sur son bidet chargé d'un lourd panier,
Au marché s'en allait la femme d'un fermier.
Chemin faisant, la ménagère
D'un esprit profond méditait
Sur sa denrée et supputait
Les profits qu'elle en pourrait faire ;
Quand, en sursaut
De ses beaux rêves éveillée,
On l'entend, d'une voix troublée,
Crier : « Qu'entends-je et que vois-je là-haut,
« Juste à main gauche, sur ce chêne ?
« C'est un corbeau !
« Maudit oiseau,
« Quelle catastrophe prochaine
« M'annonces-tu par tes croassements ?
« Je n'en sais rien ; mais je m'attends
« Aux plus affreux événements. »
Ainsi disait la bonne dame,
Qui n'avait plus

D'yeux en la tête et de pensers dans l'âme
Que pour son corbeau. Là-dessus,
Voilà que son cheval, trop vieux et mal solide,
Aveugle en outre, ce dit-on,
N'étant plus aidé de la bride,
Trébuche, tombe, et, comme un peloton,
S'en va roulant sur le chemin qui penche...
Dans cet accident, le panier,
Comme on doit bien penser, ne reste pas entier.
Il était rempli d'œufs. Ce fut une avalanche,
Un désastre éclatant, un flot que rien n'étanche,
Un effroyable margouillis!...
Elle-même, au milieu de ces tristes débris,
Notre matrone,
Toute meurtrie et teinte en jaune,
S'abandonne à son désespoir.
Elle trépigne, vocifère,
Jure même, et, dans sa colère,
Toujours s'en prend à l'oiseau noir.
« Ah! cria-t-elle, oiseau du diable,
« C'est toi seul qui me vaux cela.
« Je l'avais bien prévu, quand je t'ai trouvé là.
« Sois donc maudit, braillard pendable!
« Puisse la peste t'étrangler!
— Dame, dit le corbeau, cessez de m'accabler
« De ces malhonnêtes paroles;
« Allons, desserrez votre poing,
« Essuyez vos habits; vous n'avez nul besoin
« De m'imputer vos cabrioles;
« Toute la faute en est à vous.
« Au lieu de me chercher querelle,

« En attachant sur moi vos regards en courroux,
« Si vous aviez veillé sur votre haridelle,
« Et si, d'une main plus fidèle,
« Vous l'aviez dirigée en ce pas hasardeux,
« Elle n'aurait pas fait ce saut malencontreux,
« Et vous auriez sauvé vos œufs. »
Ce corbeau parlait bien. Sans se laisser distraire
Par les incidents du chemin,
Il faut, sur sa monture et sur ce qu'on doit faire,
Avoir toujours l'œil et la main.
Faute de quoi, vient-on à se trouver par terre,
C'est sottise d'en accuser
Ceci, cela, le corbeau qui croasse,
Le chien qui jappe ou la souris qui passe,
Le sort enfin... A quoi bon s'abuser?
La bonne ou la mauvaise chance,
C'est sagesse ou bien imprudence.

F. DE GRAMONT.

(Imité de l'anglais de GAY.)

L'ENFANT ET LE DATTIER

Non loin des rochers de l'Atlas,
Au milieu des déserts où cent tribus errantes
Promènent au hasard leurs chameaux et leurs tentes,
Un jour, certain enfant précipitait ses pas.
C'était le jeune fils de quelque musulmane
Qui s'en allait en caravane.

Quand sa mère dormait, il courait le pays.
Dans un ravin profond, loin de l'aride plaine,
Notre enfant trouve une fontaine,
Auprès, un beau dattier tout couvert de ses fruits.
O quel bonheur! dit-il, ces dattes, cette eau claire
M'appartiennent; sans moi, dans ce lieu solitaire,
Ces trésors cachés, inconnus,
Demeuraient à jamais perdus.
Je les ai découverts, ils sont ma récompense.
Parlant ainsi, l'enfant vers le dattier s'élance,
Et jusqu'à son sommet tâche de se hisser.
L'entreprise était périlleuse;
L'écorce, tantôt nue et tantôt raboteuse,
Lui déchirait les mains ou les faisait glisser.
Deux fois il retombe; mais, d'une ardeur nouvelle,
Il recommence de plus belle,
Et parvient, enfin, haletant,
A ces fruits qu'il désirait tant.
Il se jette alors sur les dattes,
Se tenant d'une main, de l'autre fourrageant
Et mangeant
Sans choisir les plus délicates.
Tout à coup voilà notre enfant
Qui réfléchit et qui descend.
Il court chercher sa bonne mère,
Prend avec lui son jeune frère,
Les conduit au dattier. Le cadet incliné,
S'appuyant au tronc qu'il embrasse,
Présente son dos à l'aîné;
L'autre y monte, et de cette place,
Libre de ses deux bras, sans efforts, sans danger,

Cueille et jette les fruits; la mère les ramasse,
Puis, sur un linge blanc, prend soin de les ranger.
La récolte achevée, et la table étant mise,
    Les deux frères tranquillement,
Souriant à leur mère, au milieu d'eux assise,
Viennent au bord de l'eau faire un repas charmant.

De la société ceci nous peint l'image :
Je ne connais de biens que ceux que l'on partage.
Cœurs dignes de sentir le prix de l'amitié,
    Retenez cet ancien adage :
    Le tout ne vaut pas la moitié.

FLORIAN.

LA LAITIÈRE ET LE POT AU LAIT

Perrette, sur sa tête ayant un pot au lait,
    Bien posé sur un coussinet,
Prétendait arriver sans encombre à la ville.
Légère et court vêtue, elle allait à grands pas,
Ayant mis ce jour-là, pour être plus agile,
    Cotillon simple et souliers plats.
    Notre laitière ainsi troussée
    Comptait déjà dans sa pensée
Tout le prix de son lait; en employait l'argent,
Achetait un cent d'œufs, faisant triple couvée :
La chose allait à bien par son soin diligent.
    Il m'est, disait-elle, facile
D'élever des poulets autour de ma maison;
    Le renard sera bien habile

LA LAITIÈRE ET LE POT AU LAIT

LE LAIT TOMBE; ADIEU VEAU, VACHE, COCHON, COUVÉE!

S'il ne m'en laisse assez pour avoir un cochon.
Le porc à s'engraisser coûtera peu de son ;
Il était, quand je l'eus, de grosseur raisonnable :
J'aurai, le revendant, de l'argent bel et bon.
Et qui m'empêchera de mettre en notre étable,
Vu le prix dont il est, une vache et son veau.
Que je verrai sauter au milieu du troupeau?
Perrette là-dessus saute aussi, transportée :
Le lait tombe; adieu veau, vache, cochon, couvée.
La dame de ces biens, quittant d'un œil marri
Sa fortune ainsi répandue,
Va s'excuser à son mari,
En grand danger d'être battue.
Le récit en farce en fut fait ;
On l'appela le Pot au lait.

Quel esprit ne bat la campagne?
Qui ne fait châteaux en Espagne!
Quand je suis seul, je fais au plus brave un défi :
Je m'écarte, je vais détrôner le Sophy :
On m'élit roi, mon peuple m'aime ;
Les diadèmes vont sur ma tête pleuvant.
Quelque accident fait-il que je rentre en moi-même,
Je suis Gros-Jean comme devant.

LA FONTAINE.

FIN

TABLE DES MATIÈRES

ALPHABETS

ET

EXERCICES VARIÉS DE LECTURES

PETITS CONTES MORAUX

HISTORIETTES

FABLES CHOISIES

FIN DE LA TABLE

COLLECTION DE 24 LIVRES-ALBUMS IN-8°

PAR LES PLUS CÉLÈBRES ARTISTES DE FRANCE ET DE L'ÉTRANGER

BIBLIOTHÈQUE DE MLLE LILI

ET DE SON COUSIN LUCIEN

DESSINS PAR FRŒLICH, TEXTE PAR STAHL

2 FRANCS.	Cartonné Bradel.	Toile riche à biseaux.
MADEMOISELLE PIMBÊCHE	2 »	3 50
LE ROI DES MARMOTTES	2 »	3 50
ZOÉ LA VANITEUSE	2 »	3 50
JEAN LE HARGNEUX	2 »	3 50
HECTOR LE FANFARON	2 »	3 50
3 FRANCS.		
ALPHABET DE MADEMOISELLE LILI. 28 dessins imprimés en couleurs	3 »	4 50
ARITHMÉTIQUE DE MADEMOISELLE LILI. 48 dessins imprimés en couleurs	3 »	4 50
JOURNÉE DE MADEMOISELLE LILI. 22 vignettes	3 »	4 50
MADEMOISELLE LILI A LA CAMPAGNE. 24 dessins hors texte	3 »	4 50
LE PETIT DIABLE, nouvel album pour étrennes 1869	3 »	4 50
LES PREMIÈRES ARMES DE MADEMOISELLE LILI ET DE SON COUSIN LUCIEN, nouvel album pour étrennes 1869.	3 »	4 50
4 FRANCS ET 5 FRANCS.		
VOYAGE AUTOUR DU MONDE DE MADEMOISELLE LILI ET DE SON COUSIN LUCIEN (*Expédition maritime*), splendide livre-album de 48 dessins	5 »	7 »
VOYAGE DE DÉCOUVERTES DE MADEMOISELLE LILI ET DE SON COUSIN LUCIEN, superbe livre-album de 48 dessins	5 »	7 »
LE ROYAUME DES GOURMANDS, album de Frœlich tiré sur papier teinté	5 »	7 »
BÉBÉ A LA MAISON, album, texte et dessins par L. Frœlich	4 »	6 50
BÉBÉ AUX BAINS DE MER, album, texte et dessins par L. Frœlich	4 »	6 50

ALBUMS FROMENT, PLETSCH, FATH, GRISET, MICK NOEL

TEXTE PAR STAHL

HISTOIRE D'UN PAIN ROND, dessins de Froment, texte de Stahl	3 »	5 »
LES PETITES AMIES, album de 21 dessins par O. Pletsch, texte par Stahl	3 »	7 »
LA BELLE PETITE PRINCESSE ILSÉE, dessins de Froment, texte de Stahl	5 »	4 50
PIERROT A L'ÉCOLE, album de 32 dessins par Fath	3 »	4 50
AVENTURES DE TROIS VIEUX MARINS, texte de James Greenwood, traduit par J. Simon, dessins par Ernest Griset	6 »	9 »
MICK NOEL. — SILHOUETTES ENFANTINES : *Histoire du grand roi Cocombrinos*	3 »	4 »
— — *Mésaventures du petit Paul*	2 »	» »
VAN BRUYSSEL. — *Histoire d'un Aquarium et de ses habitants*, planches tirées en 12 couleurs par Silbermann	6 »	8 »

Ces 24 albums composent une collection unique en son genre, textes gais, aimables, spirituels et d'images charmant s dus aux plus célèbres artistes de la France et de l'étranger, c'est une sorte de Musée des faits et gestes de la famille et une petite bibliothèque de l'enfance d'un choix et d'un goût irréprochables.

La collection complète de ces 24 albums, en cartonnage Bradel, 80 fr.
toiles dorées à biseaux, 120 fr. — *Envoi franco.*

STRASBOURG, TYPOGRAPHIE DE G. SILBERMANN.

www.ingramcontent.com/pod-product-compliance
Lightning Source LLC
Chambersburg PA
CBHW050011100426
42739CB00011B/2591